STINE MEYER

Pesto, marinader og meget andet...

Giv lidt ekstra SMAG til den gode mad

Foto: Maj-Britt Ulrich

Stine Meyer

Mor til 2 børn og ansat som faglærer på EUC Syd i Aabenraa.

Uddannet kok og tjener samt en læreruddannelse i biologi, fysik/kemi og matematik.

Forlag: BoD – Books on Demand, København, Danmark
Fremstilling: BoD - Books on Demand GmbH - Norderstedt, Tyskland

ISBN 978-87-7170-353-5

Bogens opbygning

Bogen er inddelt i emner. Hvert emne er beskrevet forrest i bogen.

Kapitlerne er bygget op med en lille beskrivelse af emnet og derefter følger 4-5 opskrifter.
De klassiske opskrifter er omskrevet i mængder, men følger ellers opskrifter fra kokkebøger og andre lærebøger.
De andre opskrifter har jeg selv komponeret, og jeg alene hæfter for eventuelle fejl og mangler.

Ved opskrifterne finder du en mængdeangivelse og en fremgangsmåde. Derudover vil der ofte være en ekstra kommentar eller anekdote tilknyttet opskrifterne.

Fagord, der er markeret med *kursiv,* forklares sidst i bogen.

Foto: Stine Meyer

Tak til Naturmælk og Krusmølle for god inspiration.

Tak til venner, kolleger, naboer og familie, der så velvilligt har læst, leveret råvarer, smagt, afprøvet og dokumenteret.
Især tak Jens Peder, min fotograf, og Dorthe, der har læst korrektur.

Og så selvfølgelig tak til min familie, der tålmodigt har snittet, smagt, vasket op og taget på fisketur, så jeg kunne få tid til at arbejde.

I er guld værd!

Indhold

Forord

At lave mad, så det smager vidunderligt og ser dejligt ud, er en kunst, mange ønsker at beherske.

I dag er der stor fokus på mad. TV programmer, hvor kendte og ukendte danskere skal lave mad, dominerer efterhånden sendefladen.

Der er en klar forventning om, at alle behersker køkkenkunsten til mindst 3 Michelinstjerner.

Ikke kun udseendet og smagen skal være i top, men også råvarerne og etikken.

Der findes et hav af kogebøger – så hvorfor udgive endnu en?

Jeg er af den mening, at en god opskrift ikke alene skaber god mad.
En god forståelse for råvaren derimod er et godt skridt i den rigtige retning.

Derfor finder du ikke opskrifter på færdige retter i denne bog. Smagen er i fokus – og hvordan du kan tilføre dine favoritretter smag.
Personlighed er vigtigt. Så ved opskrifterne finder du små kommentarer om, hvor jeg har fået inspirationen fra, eller hvor jeg finder mine råvarer. Det kan også være en lille vejledning til, hvordan man kan kende forskel på råvarer eller alternativer til de metoder, jeg anvender.

De fleste mennesker kan følge en opskrift – resultatet kan man efterfølgende vurdere og måske tilpasse enkelte ting til næste gang.

Mit mål med denne bog er, at man skal kunne bevæge sig væk fra opskrifter og i stedet lære nogle grundlæggende principper i forbindelse med tilsmagning.

Et stykke ristet brød med oliventapenade, en pastaret vendt med lækker smagsfyldt pesto eller en god dressing hældt over en salat kan give en ellers simpel ret så meget smag, at retten opleves som et mættende og fuldendt måltid.

Lad dig inspirere af mine opskrifter, afprøv dem og ret dem så til, så de kommer til at passe lige netop til din smag. Læg mærke til lighederne imellem de forskellige opskrifter – til sidst har du ikke brug for opskriften og kan frit jonglere rundt med de råvarer, du lige har ved hånden.

God fornøjelse og velbekomme.

Definition

Pesto:
Kold sauce, der stammer fra Italien.
Laves i dag med basilikum, pinjekerner, hvidløg og parmesan. Var oprindeligt lavet uden basilikum - hovedsagligt på ost og olivenolie.
Bruges til pastaretter, som dressinger i salat eller som spread på brød.

Tapenader:
Stammer fra det provencalske ord tapenos, der betyder kapers. Dog er det oliven, der er det bærende element i tapenaderne.
Klassisk laves den med sorte oliven, kapers og ansjoser, der pureres eller hakkes groft.
Bruges som spread på brød til en hors d'oeuvre eller som fyld til fx kylling.

Hummus:
Klassik forret/snack fra Mellemøsten.
Meget moderne i det vegetariske køkken, da kikærterne indeholder protein.
Bruges ofte som dip til gnavegrønt eller som spread på brød.

Dressinger:
Dækker over betegnelsen for diverse kolde saucer, der bruges sammen med salat eller råkost.
Vi skelner hovedsagligt mellem 2 slags dressinger; den olie-eddikebaserede dressing, der er meget flydende og gennemsigtig, og en (ofte) hvid dressing baseret på mayonnaise og cremefraiche.
Der findes en del klassiske dressinger tilsat forskellige krydderier og/eller krydderurter.

Marinader:
Var oprindeligt en konserveringsmetode, hvor man brugte vin og olie til at lukke af for ilt og ændre pH værdi, så bakterier ikke kunne trives.
Laves i dag ofte på forskellige olier og syrer som fx eddike, citronsaft eller vin. Tilsættes krydderurter og krydderier efter smag.
Bruges til grøntsager og kød, der ofte ligger i marinaden og trækker smag flere timer før tilberedning.

Rubs:
"Rub" betyder "at gnubbe" på engelsk. Her er det en betegnelse for en sammenblanding af tørrede knuste krydderier, der bruges til at give smag til kød, før det tilberedes.
Det er den tørre udgave af en marinade.
Det kan enten børstes væk efter trækketiden eller blive på emnet under tilberedning.

Fagudtryk har jeg valgt at forklare bagerst i bogen. De er markeret i teksterne med *kursiv*.

Pesto

Pesto er defineret som en kold sauce.

Den er meget brugt som smagsgiver i det italienske køkken – fx kan en god frisklavet pasta vendt i en god pesto være et helt hovedmåltid i sig selv.

Til tider vælger man at lave saucen så tyk, at den kan bruges som spread på brød eller som dip til gnavegrønt.

Brug gerne en god olivenolie til at variere konsistensen med. Brug salt og syre (citronsaft, eddike mm) til at tilsmage pestoen – uden disse vil den ofte få en meget fed smag og mundfornemmelse.

Ernæringsmæssigt er pesto en fed ret – men fed på den "sunde" måde, da der her er tale om umættede fedtsyrer fra planter. Osten har dog en del animalsk fedt.

Desuden indeholder både ost og de kerner/bælgfrugter, der giver pestoen substans, en del proteiner, der gør at pesto egner sig godt i vegetarkost (er man veganer, må man naturligvis undlade osten)

Næsten alt kan bruges i en pesto.

Vælg en krydderurt, en ost, en kerne/nød og gå så i gang.

Inspiration:

- Persille
- Aubergine
- Ruccola
- Mynte
- Pistacienødder
- Valnødder
- Skovsyre
- Rødbede
- Mælkebøttespirer

Den klassiske pesto

Hovedingredienser: Pinjekerne, hvidløg, basilikum og parmesan.

2 dl olivenolie
2 spsk. pinjekerner
1 stort fed hvidløg
50 g revet parmesan
Ca. 75 g friske basilikumblade.
Salt og peber + evt. citron

Tilsmagning.

Smag først til når pestoen har trukket ca. ½ times tid.

Jo længere tid, den trækker, jo mere dominerende bliver hvidløgssmagen.

Kom olie, pinjekerner, hvidløg, ost og salt i et blenderglas.
Blend ved langsomste hastighed i ca. 1 min.
Tilsæt basilikumblade med stilke og blend igen ved langsomste hastighed i ca. 30 sek.
Stil pestoen tildækket i køleskabet i mindst ½ time før den smages til.

Pinjekerner

Stammer fra et nåletræ, hvor koglerne er 3 år om at modne.
I Danmark er de forholdsvis dyre.

For at få mest mulig smag ud af kernerne, er det en god idé at riste dem kort på en pande. De behøver ikke tage farve, men skal varmes godt igennem.

Inspiration:

- Prøv at skifte pinjekerner ud med fx valnødder.

Direkte fra skoven

Hovedingredienser: Ramsløg, mandler og ricotta.

100 g ramsløg
1½ dl olivenolie
25 g ricotta
40 g afskallede mandler
25 parmesan eller anden hård ost
Salt og peber + evt. citron

Ricotta

Bliver ofte betegnet som en ost, men er i virkeligheden fremstillet af den valle, man får tilovers efter osteproduktion. Højt indhold af laktose giver osten en svag sødlig smag.

Skyl ramsløg godt og dup dem tørre, fjern eventuelle blomsterknopper og snit blade og stilke i mindre stykker. *Blancher* evt. bladene et øjeblik i kogende saltet vand.
Blend derefter ramsløg med pinjekerner og lidt salt til massen er findelt. Lad så blenderen køre, mens olien hældes i, til den ønskede konsistens opnås. Blend så kort parmesanen i og smag til med salt og peber.

Ramsløg

Ramsløg er en plante, der vokser vildt i den danske natur. Det er en løgplante, og det er de grønne blade, vi bruger.

Inden planten blomstrer, ligner den til forveksling liljekonvaller, som er giftige.

Når du plukker ramsløg er det vigtigste kendetegn duften. Ramsløg dufter og smager af mild hvidløg.

Foto: Lars Dagnæs

Sønderjyden

Hovedingredienser: Grønkål, solsikkekerner, *høost* fra Naturmælk.

150 g grønkål (ca. 3 dl)
1 tsk. citronsaft
3 spsk. revet høost fra Naturmælk
½-1 dl rapsolie
1 fed hvidløg
2 spsk. solsikkekerner
Salt og peber

Start med at hakke kålen sammen med citronsaft.
Tilsæt derefter resten af ingredienserne og hak/blend det hele til en cremet masse.
Brug olien til at justere konsistensen med.
Lad pestoen trække på køl ca ½ time.
Smag til med salt og peber.

Inspiration:

- Server pestoen til fx en svinekotelet eller vend de nykogte kartofler i den.
- Skift høost ud med røget gouda.

Foto: Stine Meyer

Grønkål

Frisk grønkål er en vintergrøntsag og rig på især A og C vitaminer.

Den har en superflot kraftig farve. Citronsaft kan være med til at bibeholde den flotte farve.

Grønkålen kan med fordel *blancheres* før du går i gang. Det er også med til at holde farven og nedbryder nogle af de lidt seje fibre.

Hakket frossen grønkål kan også bruges, men vil blive mere brun i farven.

Tomatpesto

Hovedingredienser: Soltørrede tomater, peberfrugt, peanuts, pecorino.

2 tomater (ca. 100 – 130 g)
35 g soltørrede tomater
3 spsk. olie fra de soltørrede tomater (ligger de ikke i olie, brug da en anden madolie fx solsikkekerneolie.)
1 fed hvidløg ca. 10 g (kan evt. undlades eller halveres)
20 - 35 g peanuts
1 spsk. hakket rødløg
1 spsk. revet pecorino (kan erstattes af parmesan)
Lidt basilikum, oregano og paprika (tørret)

Tørrede krydderier.

Tørrede krydderier har en mere koncentreret smag end friske krydderurter.

De har også brug for lidt længere trækketid, inden smagen kommer helt frem.

Skær et snit i tomaten og blancher den i kogende vand til skindet slipper. Stop kogningen i koldt vand og flå skindet af tomaten. Fjern kerner.

Rør alle ingredienser sammen i en foodprocessor eller lignende og brug olien fra de soltørrede tomater til at justere konsistensen.

Pecorino

Er en fast ost, der minder om parmesan.
Forskellen er, at den er lavet af fåremælk i stedet for komælk.
Dette kan være en fordel for fx mennesker med laktoseintolerans.

Grøn gulerodspesto

Hovedingredienser: Gulerodstoppe, cashewnødder og ost.

Foto: Stine Meyer

Toppe fra ca 10 gulerødder
1 håndfuld basilikum, persille,ananassalvie e.l.
1½ dl olivenolie
50 g cashewnødder (eller pinjekerner)
1 lille fed hvidløg
Citronsaft
15-20 g revet ost – gerne fra en fast ost
Salt og peber
Evt. lidt sirup til at smage til med – jeg bruger stikkelsbærsirup.

Pil bladene af gulerodstoppene og skyl dem godt.
Fyld alle ingredienser i en foodprocessor/minihakker og kør til det har den ønskede konsistens.
Skrab evt. ned fra siderne undervejs.
Lad pestoen trække ca. ½ time på køl før den smages til.

Farve og smag

Her for nylig var jeg så heldig at få mulighed for at være et par dage i køkkenet på Fakkelgården.

Der havde de en fiskeret, der blev serveret med en variation af gulerødder – gulerodspuré, syltede gulerødder og en pesto af toppene.

Deres pesto stod helt klar og mørkegrøn i farven, og jeg spurgte, hvordan de gjorde det.

Svaret var, at de simpelthen havde erkendt, at farven blev for army-grøn, og havde erstattet halvdelen af gulerodstoppene med frisk estragon – det gav en lækker sød smag og flot grøn farve

Tapenade

En tapenade skal være lidt mere fast end en pesto. Den skal kunne smøres ud på en brød, eller bruges som "farsering"/fyld i koteletter eller kylling.
Det kan vendes i selve brøddejen eller smøres på fisk og kød inden tilberedning.

Den sorte oliven er hovedingrediensen i en god tapenade. Selvom man tilsætter olie, er kunsten at bibeholde grovheden og samtidig lave en forholdsvis fast masse.

En klassisk tapenade indeholder ikke mejeriprodukter.
En fed cremefraiche kan dog mildne den lidt skarpe smag fra oliven. Prøv dig frem.

Man kan sagtens skifte oliven ud med fx soltørrede tomater, syltet artiskok, syltede hvidløg, bagte peberfrugter, svampe, løg og meget andet.

Foto: Stine Meyer

Klassisk oliventapenade

Hovedingredienser: Sorte oliven, kapers, ansjoser

1 citron (økologisk)
3 fed hvidløg
1-2 dl olivenolie
4-6 ansjoser/benfri sild
400 sorte oliven uden sten
50 g kapers

Skrab/riv skallen af citronen og pres saften ud.
Blend hvidløg med citronsaft og skal.
Tilsæt olivenolie. Blend til pureen er fin og glat.
Kom ansjoser, oliven og kapers i blenderen. Blend til du har den ønskede grovhed og konsistens.
Smag til med salt.

Citron- og lime-skal

Hvis du vil bruge skallen fra citronen, skal du sikre dig, at du har købt økologiske (ubehandlede) citroner.

Skallen består af et tykt hvidt lag dækket af en tynd gul membran.
Det hvide lag er meget bittert, og bør så vidt muligt ikke bruges.

Du kan med fordel rive citronen på den fine side på en rivejern – men pas på ikke at rive for dybt ned i det hvide lag.

Rød tapenade

Hovedingredienser: Tomat, rød peber, brandy

Foto: Stine Meyer

1 stor rød peberfrugt
25 g soltørrede tomater i olie
25 g ristede valnødder/pekan
1 cl brandy
10 g rødløg
1 tsk. citronsaft
Salt og peber

Skær peberfrugter i kvarte, fjern stilke og frøhus.
Læg peberfrugterne med skindet opad på et stykke alufolie og grill dem øverst i ovnen til de er næsten helt sorte.

Tag peberfrugterne ud igen og dæk dem med et stykke bagepapir og et viskestykke. Lad dem stå sådan i ca. 20 minutter. Nu kan det sorte skind nemt fjernes.
Blend de resterende ingredienser sammen med peberfugten til en ensartet tapenade.

Løg

Du kan evt. *blanchere* løgene før brug, så du undgår den bitre smag – så kan du også sagtens tilføre ekstra løg, hvis du vil.

Hvis løg opvarmes karamelliseres nogle af kulhydraterne og bliver søde.
Det er derfor, der er så stor smagsforskel på fx rå løg og ristede løg.

Alkohol i mad

Hvis man ikke ønsker alkohol i retten, kan brandyen koges, inden den tilsættes.

Alkohol (ethanol) fordamper ved 78 grader!

Er alkoholprocenten på min. 44 % kan du sætte ild til væsken direkte ved stuetemperatur.
Jo lavere alkoholprocent jo højere temperatur skal væsken have for at kunne antændes.

Grøn tapenade

Hovedingredienser: Grønne oliven, spinat

200 g udstenede grønne oliven
200 g spinat (gerne babyspinat)
25 g kapers
4 ansjoser (fileter)
1 fed hvidløg
1½ dl olivenolie
Salt og peber

Skyl spinaten godt og slyng dem i en salatslynge eller et viskestykke.

Hak alle de faste ingredienser i en foodprocessor eller lignende.

Blend derefter olie i til den rette konsistens.

Smag til med salt og peber.

Grønne oliven

Oliven, der plukkes, før de er modne.
De endnu grønne frugter lægges i blød
i en ludopløsning før de saltes.

Efterårstapenade

Hovedingredienser: Oliven, svampe, soltørrede tomater, hvidløg.

Foto: Stine Meyer

250 g svampe
(fx shiitake, østershatte,
champignons, portobello,
kantareller eller andre.)
2 fed hvidløg (eller 1 stort)
15 g soltørrede tomater
En spsk. olie
Et bundt basilikum
½ citron (økologisk)
Salt og peber

Svampene skæres i små stykker og *sauteres* på panden i lidt olie.
Ved dem ofte – målet er at fordampe så megen væske som mulig.
Til sidst tilsættes hakket hvidløg og lidt salt.
Hæld de ristede svampe i en foodprocessor eller minihakker sammen med de soltørrede tomater og kør dem til en jævn masse.
Hak basilikum fint og riv det yderste af citronen (kun lige den gule skal!) på et fint rivejern.
Vend det i tapenaden, smag til og server på ristet brød.

Svampe.

Svampe kan frit plukkes i de danske skove. Husk kun at tage de svampe, du kender og føler dig sikker på. Nogle af de svampe, der vokser i Danmark er giftige.

For at sikre næste års vækst skal du lade roden blive. Skær stilken over med en skarp kniv.

Svampe suger (som navnet lægger op til) en del væske til sig. Så undlad at vaske svampene. Børst i stedet sand og jord af med en lille pensel.

Champignon dyrkes og forhandles hele året rundt.

Om efteråret kan man også få andre svampe til en rimelig pris.

Figentapenade

Hovedingrediens: Figner, sorte oliven
og rosmarin

100 g tørrede figner
1½ dl vand
150 g sorte oliven
1½ spsk. citronsaft
2 tsk. sennep (gerne grov)
1 lille fed hvidløg
½ spsk. kapers
1 tsk. hakket frisk rosmarin
1½ dl olivenolie
Salt og sort peber

Skær fignerne i kvarte og lad dem simre i vandet i en halv times tid. Kog vandet ind, så du har et knap ½ dl smagsfuld væske tilbage.

Stød oliven med sennep, hvidløg, kapers og rosmarin i en *morter*.

Tilsæt de drænede figner, og når de er knust tilføjes citronsaft og olivenolie.

Smag til med salt, peber og evt. lidt af figenjuicen.

Figner

Trives bedst i tropiske egne, men kan dyrkes i Danmark.

Rosmarin

En middelhavsplante, der har en meget karakteristisk og gennemtrængende smag.

Bryder man sig ikke om rosmarin, kan denne sagtens erstattes med fx timian.

Hummus

Laves traditionelt på en base af kikærter. Kikærter er tørrede bønner fra planten garbanzo.

Inden de bruges, skal de udvandes. Det vil sige at "ærterne" lægges i en skål med koldt vand i et døgns tid. Skift gerne vandet flere gange.

Først herefter kan man koge kikærterne. De skal koges møre – og det kan sagtens tage en times tid alt efter hvor stor en portion, du koger.

Kikærter kan også købes på dåse. De skal ikke sættes i blød eller koges, men bør skylles grundigt.

Ofte skal du bruge lidt mindre olie/væde, når du bruger kikærter fra dåse, i forhold til når du bruger tørre kikærter og selv udvander dem.

Konsistensen i den færdige ret bliver også en smule anderledes.

Kikærter har et højt indhold af protein og kostfibre, og bruges ofte i vegetarkosten – bl.a. som erstatning for fars.

Klassisk hummus

Hovedingredienser: Kikærter, hvidløg, tahin, spidskommen og citron.

400 g udvandede, kogte kikærter
(ca. 200 g tørrede)
½ - 1 dl kogevand fra kikærterne
1-2 spsk. tahin
2 fed hvidløg
1½ - 2 dl oliven olie
1 citron
Salt og hvid peber

Dette er nok en af de nemmeste opskrifter: Blend det hele sammen og smag til med salt og citronsaft. Konsistensen justeres evt. med lidt ekstra olivenolie eller kogevand fra kikærterne.
(Hvis man ikke bryder sig så meget om tahin/sesam-smagen, kan den sagtens udskiftes med fx paprika, koriander eller persille.)
Min gode veninde Solveig smager sin hummus til med friskreven ingefær – superlækker variation.

Tahin

Tahin er en sesampasta, der ofte bruges i mellemøstlige retter.

Jeg ynder at undlade den, og i stedet riste sesamfrø let på en pande, og vende dem i den færdige hummus. Det giver lidt ekstra bid.

Grøn hummus

Hovedingredienser: Edamamebønner og persille.

Edamame bønner

Kan købes på frost uden bælg i de fleste supermarkeder.

Vær opmærksom på at de også sælges med bælg – så skal du købe ca. 400 g – og at de findes i en tørret udgave - køber du dem, skal de udvandes først, og du får ikke den samme grønne farve.

200 g edamamebønner
(eller halvt edamame halvt udvandede kikærter)
1 spsk. tahin
2 fed hvidløg
2-3 spsk. olivenolie
Saft af ½ citron
1 tsk. spidskommen
Hakket persille, salt og peber

Overhæld de frosne bønner med kogende vand. Lad dem trække et par minutter.

Kom dem i et dørslag og skyl med koldt vand.

Bønnerne hakkes i en minihakker/blender. Hak hvidløg groft og kom dem op til bønnerne sammen med resten af ingredienserne.

Blend hummusen til den er cremet og lækker.
Justér evt. konsistensen med lidt vand.

Persille kan enten tilsættes direkte i blenderen eller hakkes med en kniv og vendes i den færdige hummus. På den måde får du enten en grønnere hummus eller en lysegrøn hummus med små gnister af mørkegrøn.

Smag til med salt.

Den stærke

Hovedingredienser: Kikærter, jalapeños, tomat

2-3 jalapeños (kan erstattes af en rød chili)
4 fed hvidløg
400 g udvandet, kogte kikærter
(svarer til 200 g tørrede)
½ avocado (kan undlades)
2 tsk. tahin
Saft fra 2 limefrugter (kan erstattes af citronsaft)
1 tsk. spidskommen
½ dl olivenolie
Lidt hakket koriander (kan undlades)
3 spsk. græsk yoghurt
Salt og peber

Pynt:
½ dl ristede græskarkerner
og en hel grillet jalapeño.

Chili og yoghurt

Yoghurten er er med til at neutralisere den stærke chili. Jeg kan godt lide stærk mad, men mener, at chili i mad skal smage godt og ikke overdøve de andre smage i retten.

Hvidløg med skal og hele jalapeños placeres på en bageplade med papir. Hæld en smule olie over dem, og bag dem i ovnen ved 225 grader i ca. 15 minutter. Vendes ind i mellem. Hvis hvidløgene bliver for mørke, tag dem da ud og sæt dem til side. Tag skrællen af.

Jalapeñosene tages ud af ovnen og lægges under et stykke sølvpapir, så dampen kan samle sig. Nu bør det være muligt at fjerne skindet. (Husk at vaske hænder eller brug evt. handsker)

Græskarkernene vendes i olivenolie (eller avocadoolie), drysses med salt, peber og evt. spidskommen og ristes i ovnen i 8-10 minutter til de er gyldne.

Blend alle ingredienser til en cremet masse.
Smag til med salt og peber og tilpas evt. konsistensen med lidt ekstra olie. Pynt og anret.

Nachos

Hvis du har et par tortillas til overs en aften, kan du hurtigt lave gode chips. Varm ovnen op til 200 grader.
Skær tortillasene til i mindre stykker. Pensel dem med olie og drys med salt.

Bag chipsene sprøde i ovnen – hold øje med dem, det går pludseligt hurtigt.

Sensommerhummus

Hovedingredienser: Gulerødder, havtorn og dild.

200 g udvandede kikærter
(ca. 100 g tørrede)
1 tsk. dild (gerne friskhakket)
1 lille fed hvidløg
1 dl oliven olie
50 g havtornbær
100 g gulerod
Salt & peber + evt. lidt citron.

Skræl gulerødderne og skær dem ud i små tern.
Kog kikærterne i rigeligt vand i ca. 1 time. 5 minutter før du slukker, tilsætter du gulerodsternene.
Gem ca. 1 dl kogevand, og kassér resten.
Blend kikærter og gulerødder med resten af ingredienserne.
Juster konsistensen med kogevandet og smag til med salt og peber og evt. lidt citronsaft eller ekstra havtorn.

Havtorn

"Nordens citron" vokser vildt mange steder i Danmark.
På grund af buskens mange torne, er bærret svært at få fat i.

Havtorn er meget standhaftig og tåler godt beskæring. Så klip evt. hele grene af og læg dem i fryseren. De frosne bær kan nu bankes af.

Dressinger

En god dressing kan være afgørende for om en salat eller en råkost bliver et hit.

Når man sammensætter en god salat, bør man tænke på både farver og smag, men mange af de salatgrøntsager, vi bruger, er meget milde i smagen. Derfor oplever vi ofte, at en salat kan virke lidt "tam".

Det er ærgerligt – især når nu salat er så sundt.

Tilfører vi den en dressing stiger indholdet af rettens fedt naturligvis. Men er det en dressing lavet på olier, er der tale om umættet fedt – altså det sunde fedt.

Hvis man tilfører sin dressing cremefraiche, kan man med fordel vælge en med lav fedtprocent (9 %).

For at dressinger ikke skal virke fede, tilsætter vi ofte syre.

Det kan være svært at få vand og fedt til at blande sig – derfor bør en dressing opbevares i en lille flaske eller glas med skruelåg, så den kan rystes.

Ud over dressing kan man med fordel lave sin egen krydderolie. Vær kreativ og afprøv gerne nye smagsvariationer.

Foto: Lars Dagnaes

Krydderolier

Brug en god neutral olie som base. Hæld den hen over de krydderurter, krydderier, frugter eller hvad du nu har lyst til at smage din olie til med. Luk godt til.

Olien skal nu trække smag ud af emnet. Har du hakket eller findelt smagsgiverne, kan ½ time gøre underværker. Ellers er det en god idé at lade olien trække i hvert fald til næste dag.

Hvis krydderolien skal kunne opbevares i længere tid, anbefales det at man lige koger sine urter op i olien, eller *blancherer* dem før, de tilsættes. Husk også at skolde glasset/flasken, som olien skal opbevares i.

Ellers bør man fiske større emner ud af olien efter 3-4 dage for at undgå skimmel.

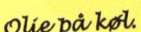

Olie på køl.

Vær opmærksom på, at olier bliver faste ved lavere temperatur.

Tag dem derfor ud af køleskabet i god tid før de skal anvendes!

Inspiration

- Havtorn – nordens citron
- Hvidløg og rosmarin
- Hvidløg, oliven og peberfrugt
- Chili
- Nødder, bær, frugt

Fransk dressing

1 dl olie (evt. huile noisette eller anden olie med smag)
1 tsk. sennep
2 spsk. eddike. (gerne med lidt smag. Fx estragoneddike eller æbleddereddike)
Salt og peber

Sennep, eddike, salt og peber blandes. Pisk kraftigt mens du forsigtigt hælder olien i.
Ingredienserne rystes godt sammen for at skabe en emulsion. Den er dog ustabil og væsken vil skille efter kort tid. Derfor bør dressingen rystes godt kort før den bruges.

Variation:

- Man kan lave en lidt mere stabil emulsion, hvis man pisker eddike og sennep med en æggeblomme, og derefter pisker olien forsigtigt i – pas på det ikke bliver til mayonnaise. Du kan justere konsistensen med vand.
- Sæt dit personlige præg på dressingen ved at tilføre fx hvidløg eller krydderurter.

Mayonnaise

Har du nogen sinde prøvet at blande vand og olie? Eller vasket en pande med baconfedt af med koldt vand? Eller set en and dykke ned på efter mad og komme tør op? Har du rystet flasken med dressing fordi "alt det gode lå på bunden"?

Udtrykket "det preller af som vand på en gås" har aldrig undret mig. Gæs kan jo ikke blive våde.
Men først, da jeg begyndte at studere fysik/kemi, forstod jeg hvorfor.
Min interesse i fysiske og kemiske processer og reaktioner har jeg videreført til mit arbejde i køkkenet.

Når jeg underviser mine elever i at lave mayonnaise, får de egentlig en lektion i *hydrofile og hydrofobe* bindinger og *emulgator*er.

Mayonnaise er en *emulsion* mellem æggeblomme og olie. Konsistensen er fast og cremet.
Mayonnaise et kategoriseret som en "ægte sauce" og serveres kold.
Den er base for mange salater, dips mm. Ofte blandet med cremefraiche.

Gode klassiske kolde saucer baseret på mayonnaise:

- Aioli (mayonnaise tilsat hvidløg)
- Remoulade (mayonnaise med pickles, kapers, persille, purløg og krydderier som fx karry)

Basen: Den klassiske mayonnaise

1 æggeblomme
½ tsk. salt
1 tsk. citronsaft (eller eddike)
1½ dl olie
Evt. lidt hvid peber og sennep

(Alle råvarer skal helst have samme temperatur.)

Æggeblommen piskes med salt, syre og smag. Når æggeblommen piskes frigives lecitin.

Pisk en lille dråbe olie i ad gangen. Hælder du for meget i på en gang, når licitinen ikke at blive frigivet, og din emulsion vil skille!

Når du har dryppet de første 2-3 spsk. olie i, kan du begynde at hælde lidt mere i ad gangen.
Når du er ca. halvejs igennem olien, burde du have en ret stor mængde fast mayonnaise – nu kan du hælde resten af olien i (i en tynd stråle) husk at piske hele tiden!

Lecitinet i 1 æggeblomme kan binde 6-7 gange sin egen vægt – så du kan sagtens hælde 1½ dl olie i. Stop, når du synes, du har en god konsistens på din mayonnaise. Hælder du for meget i, vil den blive klumpet – rør lidt vand i for at fortynde og jævne den.

Smag til med sennep, salt, citron og evt. hvid peber.

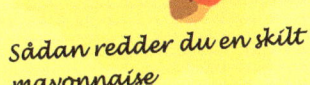

Sådan redder du en skilt mayonnaise

Start forfra med en ny æggeblomme og en lille smule olie i en ren skål.

Brug så den skilte mayonnaise som "olie". Dvs. samme langsomme fremgangsmåde, hvor du lidt ad gangen pisker den skilte mayonnaise i en den nye æggeblomme.

Sauce verte

"Verte" er det franske ord for farven grøn.

Denne kolde sauce serveres som dip eller fx til en kold fiskeanretning.

Mest kendt er den nok fra 80'ernes laks- og rejeforretter.

Skal den være helt original, laves den på ren mayonnaise. Synes du den bliver for fed/fast, kan du udskifte en mængde af mayonnaisen med cremefraiche eller yoghurt.

Du skal bruge:

Ca. 2 spsk. hakkede krydderurter pr. 10 g mayonnaise.

Inspiration:

- Basilikum, persille, purløg, oregano, dild, brøndkarse
- Estragon, salvie, kørvel, skovsyre, olivenurt
- Rucolasalat, rødbedeblade, persillerodtoppe
- Spinat, grønkål
- Hvidløg, ramsløg, zittauerløg
- Cornichoner, kapers

Udvælg dine krydderurter – brug mest af de milde og lad de lidt mere smagsdominerende optræde i mindre omfang.

Hak krydderurterne fint og rør dem op i mayonnaisen.

Pynt evt. med blomster fra nogle af de spiselige planter. Fx den røde tallerkensmækker, den gule skovsyre eller den blå hjulkrone.

Thousand Island

Hovedingredienser: Mayonnaise, tomatketchup og cayennepeber.

1 dl mayonnaise eller 1 dl cremefraiche
2 spsk. ketchup
1 tsk. worcestershiresauce
Et par dråber tabasco
En knsp. cayennepeber
1 tsk. citronsaft
10 g hakket skalotteløg
Salt og peber og evt. lidt honning

Cremefraiche

Kan fås med forskellige fedtprocenter. Jo højere fedtprocent, jo tykkere cremefraiche.

Obs: Hvis man pisker eller rører kraftigt i cremefraiche mister den sin viskositet og bliver tynd og flydende.

Alle smagsgivere blandes sammen, og vendes så i mayonnaisen.
Smag til med salt, syre og sødme.

Inspiration til smagsnuancer:

- Olivenolie / andet olie med smag i mayonnaisen
- Citronsaft, appelsinsaft, limesaft, forskellige eddiker
- Worcestershiresauce, tabasco, sweet chilisauce, ketchup, sennep, HP sauce, honning
- Pickles, løg, peberfrugt, oliven, hårdkogte æg, piment, hvidløg, nødder
- Cremefraiche og yoghurt kan erstatte dele af eller hele mayonnaisen

Foto: Lars Dagnæs

Marinader

Når vi marinerer kødet, giver vi det ekstra smag udefra.

Tommelfingerreglen er, at jo længere kødet ligger i marinaden, jo mere smag trænger ind.

Overvej hvorfor du marinerer. Er det for at overdøve en smag, du ikke bryder dig om? Er det for at supplere og afrunde en smag, der i forvejen er i emnet? Er det for at skjule farver/smag/konsistens?

Der er mange grunde. De fleste marinader vælger man, fordi kødsmag i sig selv kan være ret neutral. Især, hvis man får købt et stykke kød, der ikke har modnet nok eller er modnet kunstigt, og derfor ikke har den kraftige kødsmag. Vi kan godt lide, at maden har karakter og er interessant.

Men husk også, at et godt stykke modnet kød, sagtens kan marineres i en klassisk marinade uden alt for meget gejl og spræl.

Jeg plejer at dele marinademetoden op i 3 overordnede emner:

1) Den hurtige – hvor jeg pensler marinaden på kødet kort før det tilberedes. Her bruger jeg ikke salt i marinaden, men drysser i stedet salt direkte på kødet, før jeg pensler, i håb om at saltet når at trænge lidt ind i kødet og blive opløst.

2) Modningsmarinade – hvis jeg er i tvivl om, hvorvidt mit kød er mørt nok, tilsætter jeg gerne eksotisk frugt til min marinade. Fx ananas, kiwi eller papaya. De indeholder et naturligt enzym, der nedbryder nogle af de seje bindinger i kødet. (Alternativt kan man bruge frugter med meget syre eller syrnede mælkeprodukter.)

3) Langtidsmarinering – også her kan man med fordel bruge mælkeprodukter som fx kærnemælk. Hvis kødet får lov til at trække i lang tid, kan smagen nå at trænge rigtig langt ind. Et stykke kylling, der ligger i kærnemælk tilsat lidt rosmarin, sennep, salt og peber, bliver helt hvidt og fint.

Klassisk

Olie
Salt og peber

Ingredienserne blandes.

Pensl kødet med blandingen og steg/gril det derefter.

Sæson

**Varier din marinade med sæsonens
urter eller frugt og grønt.
Tilfør fx lidt syrlighed med friske
stykker af rabarber.**

Foto: Lars Dagnæs

BBQ

½ dl olie
½ dl æblejuice
½ dl ketchup
2 spsk. brun farin (eller honning eller sirup)
2 spsk. soja
1-2 spsk. syre (fx æblecidereddike eller citronsaft)
1 fed hvidløg (presset)
1 tsk. paprika – gerne røget
1 tsk. tørret chili
½ tsk. tabascosauce
1 spsk. whisky

Sukker og grill

Det høje sukkerindhold i marinaden gør den mindre egnet til langtidsstegte kødstykker. Sukkeret karamelliserer og brænder til sidst på.
Ved større kødstykker plejer jeg at marinere kødet i en klassisk marinade, og så pensle med BBQ marinaden ca. 15 minutter før tilberedningstiden slutter.

Pisk alle ingredienser sammen. (Massen vil nok skille, da der er tale om en ustabil *emulsion*)
Ryst marinaden godt før den bruges.

Smager fantastisk på al slags kød. Jeg bruger den især til kyllingespyd.

Inspiration:
- Kaffe
- Rødvin
- HP sauce
- Wostershiresauce

"Krusmølle" - Eksotisk

Hovedingredienser: kokos, koriander, lime og chili

Denne marinade opfandt jeg til et arrangement på Krusmølle.
Sammen med en kollega skulle vi demonstrere udskæring af en halv pattegris. Lidt spontant fandt vi på også at tilberede grisen, og i den forbindelse blev denne marinade kreeret ud af de råvarer, der var til rådighed.

Jeg kan ikke rigtig sætte mængder på denne opskrift – men smag dig frem – det handler om at skabe god harmoni mellem det syrlige, det søde og krydderierne.

1 dl god økologisk ekstra-olivenolie
Frisk hakket koriander
Flager af kokosnød (eller saft)
Friskpresset limesaft fra 1 økologisk lime.
Brug evt. lidt fintrevet limeskal – kun det grønne lag.
Finthakket mild chili (uden kerner)
1 fed hvidløg
1 tsk. flydende honning
Salt og peber

De faste ting stødes i en *morter*, hvorefter de vendes sammen med olie, honning og limesaft

Sådan flækker du en kokosnød

*Prik hul i det største af de 3 øjne i bunden af nødden.
Slå med bagsiden af en tung kniv hele vejen rundt.
Til sidst løsner den sig og du får en hul lyd.
Kort tid efter flækker nødden på midten.*

Indisk inspireret yoghurtmarinade

Denne marinade er inspireret af retten chicken masala/tandoori, som jeg smagte for første gang, da min tidligere kollega Peter (matematiklærer – ikke kok) hævdede, at han lavede verdens bedste kylling. Dette måtte jo føre til en prøvesmagning – og god det var den. Så god at jeg lavede denne marinade i et forsøg på at efterligne den – for opskriften ville han ikke rigtig ud med.

1½ dl sødmælksyoghurt
1 spsk. olivenolie
2 tsk. garam masala
½ tsk. gurkemeje
1 tsk. sennepsfrø
1 lille løg (hakket)
½ tsk. frisk revet ingefær
Salt, peber og limesaft

Stød de hele krydderier I en *morter* og bland derefter alle smagsgivere i yoghurten.
Smag til med salt, peber og limesaft,

Lad kødet trække i 1 døgn eller mere.
Hvis du tager kødet op fra fryseren, kan du med fordel lade det tø op i marinaden i køleskabet.

Inspiration:

- Alle krydderier
- Hvidløg
- Chili
- Gurkemeje
- Bukkehornsfrø (karryduft)
- Citronskal
- Allehånde

Garam Masala

"Garam" betyder stærk og "masala" betyder krydderiblanding.

Normalt består den af følgende krydderier:
Peber, paprika, koriander, spidskommen, kardemomme, kanel, muskat og nelliker.

Men du kan sagtens lave din egen blanding.

Urtemarinade

(Friske krydderurter fx persille, basilikum og skovsyre)

Når man laver en marinade, ser det altid superflot ud
med friske krydderurter i.
Alle urter kan bruges og mængden kan variere efter
smag og behag.
Mange mennesker ynder at dyrke lidt krydderurter i
haven, på altanen eller i vindueskarmen.
På den måde vil en urtemarinade ofte bestå af
persille, purløg, oregano og lignende.

Jeg har sammensat en marinade med lidt mere smæk
på smagen. Personligt synes jeg, den smager godt til
lyst kød – men prøv dig frem og find ud af, hvilke
krydderurter du kan lide, og hvad de forskellige urter
passer til.

1 dl olie (olivenolie giver smag, rapsolie er smagsløst, nøddeolier giver også smag og karakter)
3 spsk. hvidvinseddike
2 spsk. timian, 2 spsk. estragon (har en svag smag af lakrids), 1 spsk. rosmarin (er meget dominerende)
½ fed hvidløg

Disse krydderurter har det tilfælles, at de alle vokser på busklignende grene.

Derfor bør du beregne lidt tid til at nippe de fine blade af – især hvis du påtænker at lade marinaden sidde
på kødet, når det skal tilberedes.

Hak urterne fint, og vend dem i olien.

Kødet må gerne trække et døgns tid i marinaden. Har man ikke mulighed for det, er det en god idé at lave
marinaden dagen før og så lade den trække et døgn i køleskabet før brug, da det tager lidt tid før
smagsstofferne fra især hvidløg og rosmarin trænger ud i olien. Herefter kan kødet vendes i marinaden og
tilberedes.

Obs: Der er ikke salt i denne marinade. Så man kan med fordel *gourmetsalte* sit kød før det marineres.

Udplantning fra købte potter

I butikkerne kan man ofte købe friske krydderurter i potte, så de kan holde sig friske.
Disse krydderurter kan man sagtens plante ud, men man skal huske at dele dem. I den lille potte står
der op til 50 små planter. Plantes det hele ud på et sted, er der ikke næring nok i jorden til så mange
planter, og de vil ikke trives.

Rubs

Mange af os gør det uden at tænke over det – vi krydrer vores kød, før vi tilbereder det.

Det er en god idé at lave en *gourmetsaltning* af emnet et par timer, før det tilberedes. Salten trænger ind i kødet, opløses af kødsaften og fremmer dermed kødsmagen. Desuden binder salt væske, så vi kan holde mere saft i kødet.

Hvor vi ved marinaderne har en del olie og væske, som emnet trækker i, er her tale om en lidt tørrere udgave, der, som ordet antyder, kan gnides ind i kødet.

Dog kan der i forskellige rubs optræde fugtige emner som fx tomatpuré eller sennep. Konsistensen skal dog stadig være tyk og fast og bør kunne smøres på kødet.

Klassisk

Drys salt og peber på dit emne og lad det trække, inden du tilbereder det.

Grill

½ løg (hakkes fint)
½ tsk. chili
1 tsk. paprika
½ tsk. spidskommen
1 tsk. oregano
½ tsk. gurkemeje
1 spsk. brun farin
1 tsk. groft salt
½ tsk. hvid peber
Lidt æblecidereddike

Kebab krydderi

En færdig blanding, der kan købes i de fleste butikker.

Den indeholder spidskommen, peber, oregano, gurkemeje, paprika, cayennepeber, hvidløg og koriander.

Så hvis du ikke har lyst til at have alt for mange forskellige krydderier stående, kan jeg anbefale denne blanding til en god grill-rub.

Denne rub er bedst egnet til mindre kødstykker, da sukkeret vil brænde på ved for lange tilberedningstider.
Alt andet end eddiken røres sammen og gnubbes på kødet. Lad det trække lidt og grill så dit kød.
Når kødet er færdigt stænkes det med æblecidereddike eller anden god syrlig smag.
Hvis man tilsætter eddiken, før kødet grilles, kan det udvikle en uønsket bitter smag.

Mexikansk kyllingerub

1 spsk. vand + 2 tsk. instant espresso
2 tsk. røget paprika
1 tsk. usødet kakao
1 tsk. spidkommen (knust)
1 tsk. olivenolie
½ tsk. salt

Spidskommen

Forveksles til tider med kommen
– det er ikke samme plante og slet ikke samme smag.

Ingredienserne blandes sammen og kyllingestykker (eller andet kød) vendes i blandingen.

Lad gerne kødet trække mindst ½ timer, før det tilberedes.

Hvis du forbereder dagen før, og lader kødet trække natten over, kan du evt. børste rubben af, inden du tilbereder – der burde være god smag i emnet.

Kryddersalt

Du kan nemt lave dit eget kryddersalt.

Vælg de smagsgivere du vil have, hak dem fint sammen og bland dem med en god grov salt eller flagesalt. Spred blandingen ud på en tallerken og lad dem stå til tørre i ca. en uge. Vend rundt i blandingen hver dag. Salten vil nu suge væske (og smag!) fra de urter, du har lagt ved dem og samtidig tørre urterne, så deres holdbarhed forlænges.

Inspiration:

- Ingefær, persillerod
- Skovsyre, mælkebøtte
- Rosenpeber, paprika, chili
- Bukkehornsskud
- Hvidløg, perleløg, ramsløg
- Ananas-salvie, rød basilikum
- Enebær, tranebær, havtorn
- Citronskal, tomatskal
- Tang /Kveller (er salt i sig selv.
  Bare lad dem tørre, og knus dem så til pulver)

Andre spændende smagsgivere

Det kan være lidt konfust at skelne imellem, hvad der egentlig er en pesto, og hvad der er en tapenade. Og er det nu en rub eller er det en marinade?

I grunden er det jo ligegyldigt – bare maden smager godt.

Her kommer lige et par ekstra forslag til interessante smagsgivere. Og der er jo altid plads til, at man selv kan finde på mange flere.

Syltet frugt og grønt

De fleste kender de syltede agurker til kyllingen eller de syltede rødbeder til leverpostejmaden. Men alt kan syltes. Prøv fx at sylte gulerødder med appelsin og timian.

Med en simpel grund-syltelage kan man nemt fremstille et lækkert ekstra element til hovedretten eller som tilbehør i en burger eller sandwich.

Syltelage

1 dl eddike
1 dl sukker
Evt. smag efter valg: Fx sennepsfrø, et laurbærblad eller peberkorn.

Kog lagen op, så sukkeret er smeltet. Alt efter emnets størrelse, koges emnet i lagen eller lagen køles lidt ned inden den hældes over emnet. (Fx hældes kogende lage over løg, men agurk syltes i kold lage.)

Små løgstykker, som på billedet, skal sylte i 2-3 timer før de er klar. Større stykker bør du lade stå til dagen efter.

Syltede grønne tomater i julestemning

Grønne tomater (prik hul i skindet)
2 dl vand + 2 dl eddike
400 g sukker
Kardemomme, kanel, stjerneanis, vanilje, nelliker

Kog lagen op. Når sukkeret er smeltet tilsættes tomaterne. Lad dem simre i 15 minutter, før de hældes på atamonskyllede glas. Fyld glasset helt op med lage.

Foto: Stine Meyer

40

Pickles

Pickles er ofte noget folk kender som "syltede hele små agurker med dild og peber". Det er også korrekt, men betegnelsen dækker faktisk over alle ituskårne grøntsager, der er syltet i en eddikelage.

Når du vælger at sylte dine grøntsager, så tænk over følgende guidelines:

1) Sprødhed. De fleste grøntsager kan syltes, men det giver den bedste mundfornemmelse, når der er et sprødt element. Fx er gulerødder bedre at sylte end aubergine.
2) Størrelse. Man kan sagtens sylte hele grøntsager (det ser vi ofte ved drueagurker), men ved at udskære i mindre dele, trænger syltelagen nemmere ind.
3) Brug krydderier og urter, der lægges direkte i syltelagen. Smag på din lage og justér sukkerindhold efter ønske.

Klassisk pickles er agurk, blomkål og gulerod, som bruges i fx remoulade.

Hvidløg i syltelage.

Hvidløg bliver grønne, når de syltes. Det skyldes et enzym, der reagerer kemisk, når det kommer i kontakt med syren fra eddiken.
Jo friskere hvidløget er, jo flere enzymer indeholder de.

Det er ganske harmløst, men hvis du gerne vil bibeholde den hvide farve, skal du bruge ældre næsten udtørrede hvidløg.

Farverige pickles i et gennemsigtigt glas kan være meget dekorative.
Fyld glasset op, hæld den varme lage over og luk glasset med det samme. Når det er kølet af, kan du sætte et mærke på og bruge glasset som gave.

Inspiration:

- Fennikel med gurkemeje og sennepsfrø
- Majs med løg, jalapeño og frisk koriander
- Gulerødder med bukkehornsfrø og fennikel
- Blomkål med estragon og korianderfrø
- Grønne bønner med hvidløg, chili og citron
- Rosenkål
- Kirsebær

Chutney

Stammer fra det indiske ord "chat-ni", der betyder stærk krydret.
Det er stykker af frugt eller grønt, der er kogt ind med eddike, sukker og krydderier.
Serveres til fx karryretter eller en god bøf.

Blommechutney

½ kg blommer (halveres)
2 stænger kanel
4 kapsler kardemomme
4 løg (grofthakket)
2 stænger vanilje
150 g sukker
1 dl hvidvinseddike

Rist kanel og kardemomme
på en tør pande.

Bland vanilje med sukker og kog det med eddike i ca. 5 minutter.
Alle ingredienser tilsættes og lagens smages til med sukker/eddike.
Kog blommerne i lagen i ca. ½ time.

Inspiration:

- Mango, dadler, andre eksotiske frugter
- Æbler og andre danske frugter
- Tomat

Smag

Prøv at tilføre chili, peberkorn eller sennepsfrø til kogelagen.

Relish

En pikant dressing, der minder om chutney, men frugt/grønt er ofte mere finthakket og med lidt bid.
Den er ikke sødet helt så meget som chutneyen.

Eksperiment: Lav din egen ketchup af tomat, æble, løg, allehånde, farin og lidt eddike.

Gastrik

Gastrik er en karamelliseret vineddikesauce, som franskmændene har brugt i mange år. Den indeholder smagstoner, der ellers kan være svære at tilføre maden. Fx bitterhed, syre og sødme.

Den er relativ let at fremstille og har næsten en uendelig holdbarhed, da den er lavet af sukker og eddike.

Lav en portion til at have stående sammen med dine olier, eddiker og salt og peber.
(NB – den er fedtfattig.)

100 g sukker
2 dl æbleeddike

Smelt sukkeret til en gylden karamel på pande eller i en tykbundet gryde.
Stop karamelliseringen ved at tilsætte eddiken.
Kog igennem til al karamel er opløst og du har en sirupagtig konsitens

Jo mere sukker opvarmes, jo mørkere og jo mere bitter bliver det.

Friskoste

Køb en neutral friskost og bland den op med fx havsalt og forskellige krydderurter eller krydderier.
Det kan bruges som pålæg eller som dip til grøntsagsstave og chips.

Inspiration:

- Krydderurter
- Løg
- Rødløg
- Hvidløg
- Piment
- Bacon
- Tapenader
- Pestoer
- Tranebær
- Valnødder
- Appelsin
- Pickles

Hjemmelavet ost

Man kan sagtens lave friskost selv – hvis man altså har mulighed for at styre temperaturen.
Man har brug for at fremme væksten af bakterier.

Prøv følgende opskrift:

1 liter sødmælk + 1 dl kærnemælk
Står ½ -1 døgn ved 32 grader
Varmes op til det skiller – si friskosten fra – tilsæt smag

Har man ikke mulighed for at stille det i et varmeskab, kan man lave en hurtig udgave ved at tilsætte
mere syre – osten får dog en lidt mere syrlig smag.

1 liter sødmælk varmes op med 2 spsk. eddike (ved ca 60-70 grader koagulerer det)

(Kan også laves med cremefraiche – så undlades eddike)

Laras appentizer

Denne opskrift lavede min datter, da hun lidt spontant fandt på, at vi skulle have forret den dag.
Den kræver ingen brug af varmekilder, hvorfor det her er oplagt, at lade de små være med i køkkenet.
I køleskabet havde vi lidt røget laks, friskost pikant og et par tortillas tilovers fra dagen før.

2 tortillas (færdigbagte, kolde)
2 spsk. friskost med pikantsmag (kan varieres)
2 tsk. blå birkes
75-100 g røget laks (kan erstattes af røget skinke, tun eller hvad man nu ønsker af fyld.)
Sprød salat

Smør de to tortillas med friskost, drys med birkes og fordel laks og salat på pandekagen. Sørg for at holde den ene side fri for fyld, så du kan "lukke" rullen.
Rul tortillasen stramt, og brug friskosten på kanten til at holde lidt sammen på rullen.
Skær skiver på ca. 2 cm tykkelse og læg dem på et fad. Læk dem tæt sammen, så går rullen ikke så nemt op.

Serveres som små tapashapser eller som en nem lille forret. Velegnede til en stående buffet.

Sirup

Sirup kan laves på næsten alt. Indeholder emnet ikke sukker i sig selv, kan der koges op med almindeligt hvidt sukker, rørsukker eller andet godt.

Hybenrosesirup

200 g hybenroseblade (Obs – bladene er lette, så 200 gram fylder en hel del!)
1 liter vand
400 g rørsukker
1 citron

Rens rosebladene godt – der sidder ofte små insekter og sand på.
Kog dem op i vand i ca. 5 minutter og lad så vandet stå og køle af og trække smag ud af bladene.
Når vandet er koldt, sigtes væsken.
Den bitre saft koges op i en gryde med sukker og saften fra 1 citron. (Du kan evt. også tilsætte citronskal – men brug kun det yderste gule lag). *Skum af* undervejs.
Når farven er flot rød koger du væsken ind til ca. halvdelen – du bestemmer selv, hvor meget den skal koge ind og dermed, hvor tyk din sirup skal være. Væsken bliver endnu tykkere, når den køler ned. Sammenlign evt. med konsistensen på flydende honning.
Når den er kølet af, hældes siruppen på glas.
Brug den som sauce til isdessert, i drinks eller som et sødt element i din sauce.

Foto: Stine Meyer

Nye danske kartofler med hybenrose og dild

Her er en lille opskrift, jeg gerne vil dele med jer.

Inspirationen til denne lille sommerret fik jeg en dag på arbejde i frokoststuen, da en kollega fortalte, at hun dagen før havde stegt hybenroseblade sammen med nye danske kartofler.

25 g smør
600 g små nye kartofler, skrubbede og kogt med skræl.
Hybenrosesirup
Citronsaft
Dild, salt og peber

Smelt smør på en pande. Vend lidt hybensirup i smørret og steg kartoflerne gyldne heri.
Smag til og pynt med blade fra hybenroser.

Inspiration:

- Hyldeblomstsaft
- Stikkelsbærgelé
- Havtorn
- Rosmarin
- Rabarbersaft
- Hjulkrone
- Savoykål

Den søde tand

Ved mange desserter og kager er det meget vigtigt at følge en opskrift. Men det er fordi forholdet mellem mel, sukker, æg og fedtstof er vigtigt for kagens færdige konsistens, luftighed, viskositet og lignende.

Det er altså ikke pga smagen, at opskriften er vigtig at følge.

Du kan sagtens udskifte ingredienser i desserter og kager. Det giver en større fleksibilitet og uafhængighed, at du ikke længere er nødsaget til at køre byen rundt i flere timer for at finde den helt rigtige vinrabarber i november måned.

Inspiration:

- Sæsonpræget frugt kan udskiftes. Fx rabarber med æble, jordbær med brombær.
- Sødme kan stamme fra andet end sukker. Prøv fx at koge dadler i vand og bruge saften, brug honning eller knus tørret frugt som fx banan.
- Vanilje og kanel er ikke de eneste smagsgivere, der kan bruges i dessertkøkkenet. Prøv med eksotiske frugter som papaya eller mango, eller udnyt den lakridsagtige smag i fx fennikel eller estragon.
- The har ofte en frugtagtig smag – kog smagen ud og brug væsken i stedet for vand.
- Grøntsager kan sagtens bruges i is – fx er agurk og mynte friskt og lækkert en sommerdag.
- Øl, vin og spiritus kan bruges i mange retter.
- Kviste og grene fra træ som fx eg eller bøg kan også afgive en anderledes og spændende smag. Prøv fx at lade mælk trække i egetræsspåner inden den anvendes i opskrifterne.

Lav dit eget vaniljesukker

Hav altid et syltetøjsglas med sukker stående. Når du har skrabet vaniljekernerne ud fra en vaniljestang, skal de ikke smides ud.
Læg dem i glasset, så trækker sukkeret smagen af vanilje ud.
(Det kan godt blive lidt klistret, men det smager godt.)

Opbevaring

Når vi taler om fødevarers holdbarhed, taler vi i virkeligheden om at hæmme bakteriernes vækstmuligheder.

Bakterier har, som alle andre, brug for vand, ilt og føde. Fjerner vi disse faktorer, mindsker vi deres mulighed for at formere sig i og ophobe sig i fødevaren.

Mange af de ingredienser, vi bruger til konservering finder vi i forvejen i disse opskrifter, hvorfor deres holdbarhed faktisk er ganske gode.

Olie: Lægger en hinde om emnet og formindsker ilts mulighed for at trænge ind i emnet.

Syre: Kan fx stamme fra citronsaft. Det ændrer pH værdien, og ødelægger bakteriens mulighed for at opholde sig i emnet.

Sukker og salt: binder væske og nedsætter dermed det tilgængelig vand i emnet.

Skal en pesto opbevares i længere tid, er det en god idé at *blanchere* grøntsagerne, inden de bruges. Herved dræbes de bakterier, der evt. sidder på planten.

Glas:

Opbevar dine marinader, tapenader, pestoer mm på glas, der kan lukkes tæt.
Sørg for at glassene er godt rengjort – skold dem i vand og skyl dem evt. med lidt atamon (bakteriedræbende smagsløst middel, der kan købes i de fleste supermarkeder)

Mange af retterne kan også sagtens fryses. Det gælder fx hummus.

Sidst, men ikke mindst...

Ud over de nævnte emner, findes der et hav af andre spændende råvarer, der er med til at give god smag til maden.

Lad kun fantasien sætte grænser. Lad dig inspirere, når du er på rejse eller eksperimenter i dit eget køkken.

Tænk altid på de forskellige smagssanser vi har – hvis de alle er tilfredsstillet, får vi en helhedstilfredsstillelse, der virker mættende.

Der kan sagtens kan være flere smage i samme produkt – fx er soja både salt og umami.

Når du udskifter ingredienser i en opskrift, skal den nye ingrediens gerne have nogenlunde samme konsistens og gerne samme smagsretning. Desuden er det jo ikke kun sukker, der er sødt og bordsalt, der giver den salte smag...

- Sødt (sukker, honning, sirup, frugter, tørrede frugter...)
- Salt (bordsalt, soja, kapers, oliven, strandurter, oste...)
- Surt (ciron, lime, eddike, vin...)
- Bittert (grape, øl, røg/aske, kaffe...)
- Umami (kød, fisk, tomat, svampe, bouillon...)

Husk: opskrifter er gode vejledninger, men det er ikke regler!

Tag en klassisk opskrift og skift de forskellige ingredienser ud indtil retten rammer lige præcis din smag.

God fornøjelse.

Ordliste

Spread
Eng: at sprede ud. Et fagord for et emne, der kan smøres ud på fx et stykke brød.

Blancher:
Giv et kort opkog i kogende vand ca. 15 sekunder. Flyt derefter emnet til koldt vand for at stoppe tilberedningen. Dette er med til at bevare den flotte grønne farve i planten.

Høost:
En fast ost med saltkorn der fremstilles på den lille sønderjyske økologiske mejeri Naturmælk i Tinglev.

Morter:
En lille skål (ofte i sten, men findes også i jern, porcelæn eller træ) med en tilhørende støder, med hvilken man knuser hele krydderier.

Gourmetsaltning:
Brug 5-10 g salt pr kg kød (ca. samme mængde, som du ville drysse på, hvis du saltede til sidst.)
Lad saltet trække ind i kødet ½ -2 timer før tilberedning. Saltet vil opløses af kødsaften og fremmer kødets egen smag samt holder på væsken. Hvis salt opløses i en rets væske, fungerer det som smagsforstærker, hvis salt drysses ovenpå, fungerer det som et mineralsk krydderi.

Skum af:
Betyder at du med en ske fjerner de urenheder, der samles på toppen.

Sautere:
Vend kød/grøntsager eller lignende på en pande med fedtstof.

Emulsion:
En metode til at blande to ellers u-blandbare væsker som fx vand og olie.

Hydrofil:
Vandelskende

Hydrofob:
Vandskyende

Emulgator:
Et stof, der (modsat de fleste) både er hydrofil og hydrofob og derfor kan binde fx vand og olie

Lecitin:
En fedtsyre, der er en emulgator